HÉLÈNE BRULLER

JE VEUX le Prince charmant

ALBIN MICHEL

Du même auteur

LES AUTRES FILLES
HACHETTE

LES MECS DES AUTRES FILLES
HACHETTE

LE GUIDE DU ZIZI SEXUEL
ILLUSTRÉ PAR ZEP
GLÉNAT

LES MINIJUSTICIERS
ILLUSTRÉ PAR ZEP
HACHETTE JEUNESSE

je veux le prince charmant

J.F, 30 ans passés, et pas mariée

QUAND VOUS N'ÊTES PAS MARIÉE À VOTRE HOMME, IL UTILISE EN GROS 4 EXPRESSIONS POUR VOUS PRÉSENTER À SES CONNAISSANCES. AUCUNE DES 4 N'EST ADAPTÉE À UNE FEMME QUI A PASSÉ LA TRENTAINE...

LES PHRASES QUI AGACENT TRÈS BEAUCOUP

Les démarches

LES GROS ONT LES GENOUX EN DEDANS ET LES PIEDS EN DEHORS...

ALORS QUE LES MAIGRES ONT LES GENOUX EN DEHORS ET LES PIEDS EN DEDANS ...

YO

LES RAPPERS SAUTILLENT COMME S'ILS PORTAIENT DES CHAUSSURES DE SKI...

LES TOP-MODELS DANDINENT DES HANCHES SANS BOUGER LES ÉPAULES...

ALORS QUE LES CULTURISTES DANDINENT DES ÉPAULES SANS BOUGER LES HANCHES...

ET IL EXISTE ENCORE DES TAS D'AUTRES FAÇONS DE SE TENIR. ALORS POURQUOI SUIS-JE LA SEULE AU MONDE À AVOIR UNE DÉMARCHE DE T-REX ?

Comment faire son cinéma

- <u>BUT</u> : INQUIÉTER L'HOMME.
- <u>POURQUOI</u> : PARCE QUE.

① ÉVOQUER SES ANCIENS AMANTS AVEC MYSTÈRE.

NON... JE NE VEUX PAS EN PARLER. J'AI TROP DE SOUVENIRS...

- SOUPIR -

② APPRENDRE À DIRE « RIEN, RIEN » D'UN AIR PLONGÉ DANS SES PENSÉES...

QU'EST-CE QUI Y'A ?

RIEN, RIEN...

TRIPOTER UN PAPIER (SI POSSIBLE UNE LETTRE)

③ FAIRE DES PHRASES HÉSITANTES...

TU VOIS... PARFOIS... JE... ENFIN... BREF...

OUI ? QUOI ?!??

NON... RIEN...

À NOTER : ON PEUT (COMME SUR L'EXEMPLE) COMBINER LA MÉTHODE 2 DU « RIEN, RIEN » À CET EXERCICE.

④ APPRENDRE À NE RIEN DIRE DU TOUT (ASSEZ PROCHE DE LA MÉTHODE CLASSIQUE DU « FAIRE LA GUEULE ») À PRATIQUER DE PRÉFÉRENCE AU SOLEIL POUR JUSTIFIER LES LUNETTES NOIRES.

À 3, IL ME DEMANDE CE QUE J'AI... 1, 2, 3 !

?

!

TAPTAP

BON ! QU'EST-CE QUE T'AS ?!!

RIEN, RIEN...

Les déceptions des premiers rendez-vous

Bonjour, au revoir

Les chemins de fer

LES GARES DE CHEMIN DE FER RÉUNISSENT QUELQUES CRITÈRES DÉTESTABLES DONT JE TIENS À ME PLAINDRE ICI :

LES CADDIES PAYANTS...

...L'UTILITÉ DES GUICHETS...

...LA COMPASSION DES GUICHETIERS...

...L'HUMOUR DES GUICHETIERS...

à la danse

vous avez un body...

...un short d'échauffement...

...des chevillères ...des chaussons...

...et vous vous dites qu'avec ça, vous allez pouvoir vous la jouer "flashdance"...

eh ben non. vous êtes tout juste bonne pour la gym des maisons de retraite.

pendant le cours, vous imaginez la position que vous prenez...

...et c'est une énorme déception quand vous vous regardez dans la glace...

...et c'est encore pire si vous vous regardez pas, parce que vous voyez les autres.

Le truc positif, c'est que vous pouvez à la fois pérorer et faire rire votre homme.

Les vendeuses

LA VÉRITÉ SUR L'IMPITOYABLE MONDE DU SHOPPING...

LA SANS-GÊNE

cabine d'essayage

ALORS ? COMMENT ÇA VOUS VA ?

LA POT-DE-COLLE

JE PEUX VOUS AIDER ?

NON MERCI, JE REGARDE.

VOUS CHERCHEZ QUELQUE CHOSE EN PARTICULIER ?

NON MERCI : JE RE-GAR-DE.

UN PANTALON ?

LA MÉPRISANTE

OUI... LÀ, IL VOUS FAUT AU MOINS UNE TAILLE AU-DESSUS...

36

38

HEUREUSEMENT, IL RESTE CELLES QUI PAIENT POUR LES AUTRES...

ÇA VOUS VA À RAVIR !

ÇA ME GROSSIT PAS TROP ?

HIN HIN

Le dentiste

Chez le dentiste, en plus des tortures à la fraise, il y a toutes ces petites situations humiliantes, comme...

... voir le reflet de sa propre bouche béante dans les lunettes du dentiste...

DÉTENDEZ-VOUS...

... déglutir la bouche ouverte et la tête en arrière...

AGUARGL...

... l'aspirateur à bave qui vous agrippe l'intérieur de la joue...

VVVVVV

SCHLOGO!

OH! PARDON!

... le fil de bave ensanglanté qui veut pas tomber...

ET MRD'...

... et c'est en partant, la lèvre pendouillante, que vous croisez un ancien amoureux...

TIENS! COMMENT V... ??!!!?

HA!!

EUH

NON

V'AI EU UNE ANEFF'É'VIE...

L' asymétrique

C'EST BIEN JOLI, MAIS...

PROBLÈME:

ON A FROID
À
UN SEUL BRAS...

3 SOLUTIONS POUR ÉQUILIBRER....

POUR
LA MAISON:
LE BRAS
DANS
LE
FOUR...

OU
L'AUTRE BRAS
DANS
LE
RÉFRIGÉRATEUR...

ET
POUR
SORTIR...

... CRÉER
UNE
SYMÉTRIE
DU
FROID
AVEC UN
JEAN
GUCCI.

Les gentilles

la gentille est charitable

la gentille n'a pas d'opinion

la phrase favorite de la gentille est:

la gentille veut toujours aider les méchantes

pour toutes ces raisons, la gentille est indispensable...

...car elle est le meilleur bouc émissaire du monde.

les mémés

les mémés se teintent les cheveux en violet.

les mémés se font des brushings hollywoodiens tellement aérés qu'on voit leur crâne à travers.

les mémés se redessinent les sourcils au crayon.

les mémés ont le look marron-gris.

les mémés pensent que "confortable" égale "moche".

les mémés adorent s'offusquer.

la phrase favorite des mémés est :

les mémés adorent geindre.

les mémés profitent de leur immunité gériatrique pour dire des saloperies qui mériteraient un pain dans la gueule.

et les mémés adorent les petites phrases de la vie.

Les lunettes noires

LES STARS METTENT DES LUNETTES NOIRES EXPRÈS POUR QU'ON LES RECONNAISSE DANS LA RUE...

HÉ! C'EST PAMELA ANDERSON!

AVEC DES LUNETTES NOIRES, N'IMPORTE QUI PEUT SE FAIRE PASSER POUR UNE STAR...

SI ÇA SE TROUVE, C'ÉTAIT MÊME PAS ELLE.

JE LE PROUVE...

TU VAS VOIR!

... ET J'AVAIS RAISON...

HÉ! C'EST JOSIANE BALASKO!

J'accuse!

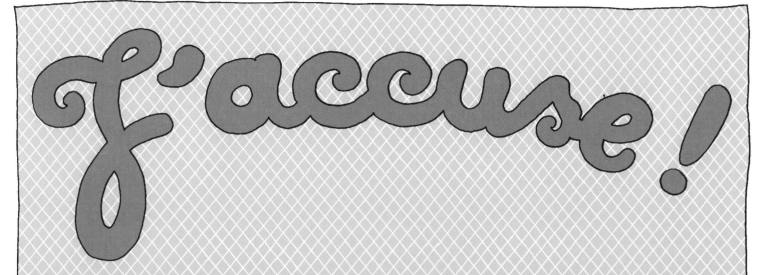

J'ACCUSE LES CRÉATEURS DE MODE QUE POURTANT J'ADULE ET CHÉRIS POUR LEUR IMAGINATION GÉNIALE...

PHILIPPE! REGARDE LA VESTE QUE J'AI TROUVÉE!

TU VEUX DIRE "ACHETÉE"?

... POUR LEUR DON DU SAVOIR-FAIRE ET DE LA COUPE ORIGINALE...

JE L'AI PAYÉE CHER MAIS TU VAS VOIR LA COUPE!

LA COUPE DANS LE BUDGET? HA HA HA

OUI! MALGRÉ MON ADMIRATION POUR EUX, J'ACCUSE LES CRÉATEURS DE MODE...

REGARDE LE PETIT DÉTAIL CLASSE: ILS ONT MIS DEUX BOUTONS DE REMPLACEMENT ET DU FIL DE LA BONNE COULEUR!

OOOOOOOOH... COMME C'EST MIGNON...

... DE NE PAS SAVOIR COUDRE LES BOUTONS!

ALORS?

PTOÏNG

ILS ONT AUSSI MIS L'AIGUILLE? HA HA

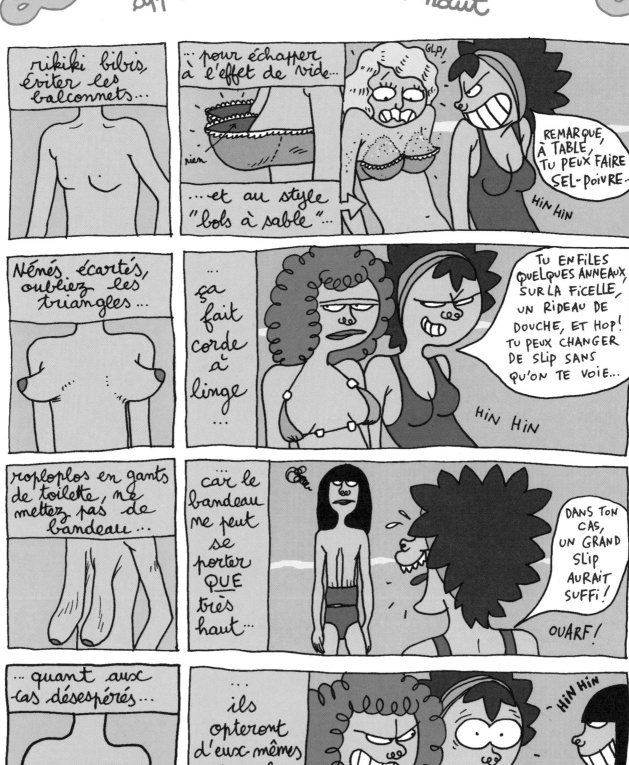

Les slips de bain
à chaque cul, son slip

Réglons la question du string une bonne fois pour toutes: seules les Brésiliennes des pubs peuvent en mettre sur la plage. vous, ça vous va pas.

pas d'échancré si vous avez une culotte de cheval.

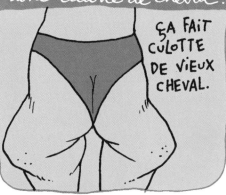

ÇA FAIT CULOTTE DE VIEUX CHEVAL.

pas de slip à coupe garçonne sur un corps de garçonne.

ÇA FAIT GARÇON.

pas de boxer sur cul à hanches larges.

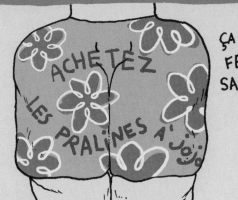

ACHÉTEZ LES PRALINES À JOJO

ÇA FAIT FEMME-SANDWICH.

pas de bouffant sur cul plat.

ÇA FAIT INCONTINENTE.

pas de petites ficelles à petits nœuds sur cul gras.

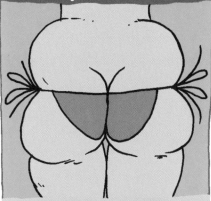

ÇA FAIT PAUPIETTE DE VEAU.

BEN... TU TE METS PAS EN MAILLOT DE BAIN?

JE SUIS EN MAILLOT DE BAIN.

nos momans chéries

indiscrètes...

Dis-moi, ma chérie, veux-tu que je te prenne un rendez-vous chez le gynéco pour tes mycoses ?

Non. Je te laisse la place pour tes histoires de croûtes purulentes.

... possessives...

Tout ce que tu sais dire sur ce garçon (minable), c'est « il m'aîîîme, il m'aîîîme » c'est ridicule !

Oui, parce que « il peut pas me blairer » ça, c'est la classe...

... collantes ...

Ma chérie, je sais que c'est la cinquième fois que j'appelle mais ne crois surtout pas que je veuille te gâcher ton week-end avec ton ... ami ...

Tiens ?!??! ..... Qu'est-ce qui t'a laissé penser ça ...?

... snobs...

Ma chérie, il faut ABSÔÔLUMENT que tu ailles voir cette expo. Moi je connaissais, bien sûr, car c'est un peintre très connu qui fait des... peintures... avec un style ...

Et tu te souviens de son nom ?

Hin hin

inès de la fressange

... méchantes ...

... théâtrales ...

...manipulatrices...

... et totalement amnésiques.

Les pieds

Les mules

Les trucs qui dépassent

SUR UNE IDÉE DE MA COPINE MÉLANIE TURIN !

LE STRING QUI DÉPASSE DU PANTALON TAILLE BASSE

LA BRETELLE DE SOUTIF QUI DÉPASSE DU DÉBARDEUR.
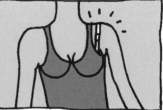

SITUATIONS AGGRAVANTES :

le collant chair avec la couture à côté de la raie des fesses

les plis aux fesses : impardonnable avec un string

TRÈS AGGRAVANT : vous avez le cul plat.

SITUATIONS AGGRAVANTES :

le soutif a déteint en machine. Il est gris, donc sale.

c'est une grosse bretelle type soutif de mémé à armatures en titane (les gens pensent que vos seins tombent)

TRÈS AGGRAVANT : vos seins tombent malgré le soutif.

LE PROTÈGE-BAS QUI DÉPASSE DE LA CHAUSSURE
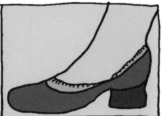

SITUATIONS AGGRAVANTES

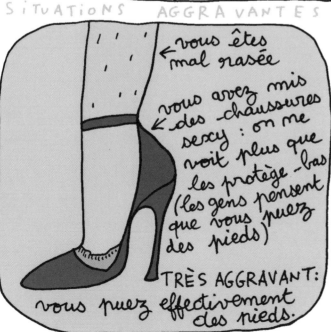

vous êtes mal rasée

vous avez mis des chaussures sexy : on ne voit plus que les protège-bas (les gens pensent que vous puez des pieds)

TRÈS AGGRAVANT : vous puez effectivement des pieds.

MAIS RASSUREZ-VOUS : MÊME LA FICELLE DE TAMPON QUI DÉPASSE DU SLIP DE BAIN NE SERA JAMAIS AUSSI GRAVE QUE LES TRUCS QUI DÉPASSENT POUR LES MECS...

HA HA

La nouvelle photo de mode

Sous prétexte de créer des ambiances artistiques, certains photographes de mode se fichent complètement de montrer les objets qu'on leur demande de mettre en valeur. Résultat : des photos où on voit que dalle :

La photo cadrée partout sauf sur le truc à vendre.

Le pull noir : 845 frs

La photo à "grain" genre David Hamilton qui tue les détails.

Boucles d'oreilles : 100F
Collier : 250F
Bague : 170F

La photo en mouvement...

jupe rouge 1200 f.

Alors, la question se pose : peut-on avoir envie d'acheter des vêtements flous ?

Non...

... Les prix sont pas flous.

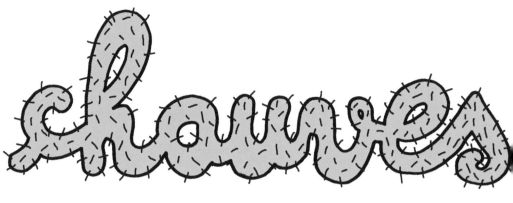

les chauves

le chauve « j'assume »?
COMPLÈTEMENT RASÉ

NON, MOI, JE SUIS PAS CHAUVE, JE ME RASE PARCE QUE C'EST LA MODE.

AH OUAIS? D'ACCORD!

le chauve Bozo-le-clown
ANCIENNEMENT FRISÉ

VAS-Y, CHANTE DU LÉO FERRÉ POUR VOIR...

LAISSE TOMBER LES VANNES...

JE SUIS TRÈS PHILOSOPHE...

SÛREMENT! EN TOUT CAS, T'AS LA COUPE!

le chauve kung-fu
AVEC BRUSHING OU QUEUE DE CHEVAL.

JE SAIS CE QUE TU VAS DIRE SUR MA COIFFURE. INUTILE : JE SUIS ZEN.

BEN DÉCIDÉMENT! ÇA LIBÈRE L'ESPRIT DE S'AÉRER LE CRÂNE! HA HA!

le chauve politique
SE FAIT UNE COUPE TOUTE PROPRE, BIEN SOIGNÉE, COMME S'IL AVAIT PLEIN DE BEAUX CHEVEUX,

TU METS UNE CRÈME DE SOIN SUR TES CHEVEUX? ILS SONT HYPER BRILLANTS!

... SURTOUT CEUX EN HAUT DU CRÂNE!
HI HI

le chauve pathétique
SE RABAT UNE GRANDE MÈCHE SUR LE CRÂNE,

LÀ, JE SAIS PAS SI FAUT RIRE OU PLEURER...

... EN PLUS Y'A DU VENT

le chauve « ah ah c'est pas d'chance »? POILU DE PARTOUT SAUF SUR LA TÊTE.

AH! JE SAIS À QUI VOUS ME FAITES PENSER : VOUS SAVEZ, CES BABOUINS, VELUS DE PARTOUT SAUF... ENFIN... VOUS, C'EST LA TÊTE, MAIS... HA HA!

HA HA HA HA

HA HA

le bientôt chauve MAIS QUI REFUSE DE L'ADMETTRE.

Tonsure-man TOUT VA BIEN APPAREMMENT...

l'ancien chauve À IMPLANTS.

le jeune chauve

la chauve (PERSONNE N'Y CROIT)

le chauve pas chauve C'EST LE PIRE : IL A UNE GUEULE DE CHAUVE ALORS QU'IL L'EST PAS.

les petits TRUCS qui ÉNERVENT

LES EMBALLAGES

la coque prémoulée

IL NE SERT À RIEN DE DÉCOLLER LE CARTON POUR LIBÉRER VOTRE BROSSE À DENTS. LE CARTON VA SE DÉDOUBLER MAIS L'EMBALLAGE NE BOUGERA PAS.

DENTINETTE

SEUL LE CUTTER PEUT OUVRIR DU PRÉMOULÉ...

TRRRi

...ET ENCORE, LE PLASTIQUE EST TELLEMENT BALÈZE QUE LA FENTE QU'ON Y A FAITE DEVIENT UN PIÈGE CRUEL ET VICIEUX.

IL EN VA DE MÊME POUR :

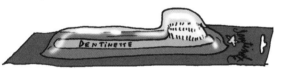

le sous-vide

ET LE :

à languette

'oilàâà! 'A tout déballé mon livre neuf...

SNIF...

DÉC...

elle est où ?!

SRIT SRIT SRIT SRIT

...MAIS ÇA APPREND DES CHOSES...

CAISSE

comprenez... je ne vous traite pas de folle, je veux juste savoir pourquoi votre carte bleue est sous 1000 couches de plastique...

c'est simple : c'est pour payer cette brosse à dents.

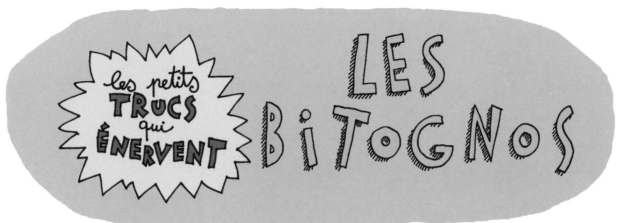

LES BITOGNOS — les petits TRUCS qui ÉNERVENT

DANS LA SÉRIE DES SYSTÈMES POURRIS, VOUS TROUVEREZ :

les attaches pour étiquettes

grossi ça donne ça →

les petits fils de fer tournicotés qui maintiennent les jouets à la boîte

les antivols plus lourds que les vêtements

les chaussures de supermarché attachées ensemble

les chemises vendues pliées-emballées avec une multitude d'épingles

On veut tuer mon art

Les mecs font que de mentir

PHILIPPE, ARRÊTE DE DIRE ÇA !

POURQUOI? C'EST VRAI !

C'EST PAS VRAI!

ON CROIT RÊVER...

C'EST MOI QUI RÊVE DE T'ENTENDRE DIRE DES ÉNORMITÉS SUR MOI !

MAIS POURQUOI TU T'ÉNERVES ?

JE M'ÉNERVE POUR QUE TU ARRÊTES DE RÉPÉTER PARTOUT QUE JE CHANGE DE FRINGUES 10 FOIS PAR JOUR !!!

RUPTURES

les différentes réactions des mecs quand on les quitte...

le « couine-couine-supplie »

le « qui fait semblant d'accepter sans histoires mais, en fait, non »

le dingue agressif

le « qui-veut-pas-comprendre »

le « qui-comprend-trop-vite »

le terroriste

le « jeté-par-la-porte-qui-revient-par-la-serrure »

le « qui-s'en-fout-vraiment? »

aïe

les ignobles tortures du quotidien

le coude

l'orteil

l'aphte

le bouton souterrain au menton

la brosse à dents qui dérape dans l'aphte

tout ça dans la même matinée, ça fait beaucoup

les allumeuses

ces salopes qui roulent du cul pour nous piquer nos mecs

LES COIFFEURS ME DÉTESTENT

si je demande une coupe sport avec les cheveux qui rebiquent vers l'extérieur, les coiffeurs me font ça :

D'ACCORD, C'EST PAS CE QUE VOUS AVEZ DEMANDÉ. MAIS MOI, JE SUIS ARTISTE, MOI, JE TRAVAILLE EN FONCTION DE LA PERSONNALITÉ DES CLIENTS.

C'EST MA PERSONNALITÉ, ÇA???

NULT.F

et c'est comme ça pour tout : les permanentes...

J'AI DEMANDÉ AU COIFFEUR JUSTE UN "LÉGER MOUVEMENT..."

ALLEZ... POUR TE CONSOLER, JE T'OFFRE UNE BERGERIE... PFFF..Hi!Hi!

... les brushings...

SI C'EST ÇA, UN "SÉCHAGE NATUREL" MOI, JE SUIS MOZART...

...CELA DIT...

...CAPILLAIREMENT PARLANT, EFFECTIVEMENT LÀ, JE SUIS MOZART.

et en plus, je pars en payant et en souriant...

ALORS MERCI. JE VOUS DOIS COMBIEN ?

850.

AHD'ACCORDMERCiii...

ÇA VOUS VA BIEN, CE CHIGNON EN FORME DE...DE...

VOUS TROUVEZ ? MERCI

OUi Hi Hi ... C'EST TOUT À FAIT VOUS...

HiHi

Hi Hi

OUi, EFFECTIVEMENT, À CET INSTANT C'EST BIEN L'EFFET QUE JE ME FAIS...

il arrive qu'un coiffeur fasse exactement ce que je voulais. Eh bien, c'est là que c'est le pire.

BONSOIR MON CHÉ...

OUAH HA!HA!

LA MALÉDICTION DU COIFFEUR A ENCORE FRAPPÉ ?? HA HA!

NON. LÀ C'EST TOi QUI VA S'ÊTRE FRAPPÉ.

LES PARANOÏAQUES

les paranos sont paranos si on les traite de paranos

elles font les questions, les réponses et la traduction

la grande phrase des paranos est :

la grande qualité des paranos est leur créativité : elles font beaucoup avec un rien

les couples

CLASSEMENT PAR GENRE

les cul-cul fusionnels

SE BISOUILLENT SANS ARRÊT AVEC DES BRUITS MOUILLÉS EN GLOUSSANT NIAISEMENT

les pas-avant-le-mariage

JEUNES VIEUX QUI NE CROIENT QU'AU PÉCHÉ, ILS MÉPRISENT TOUS CEUX QUI S'EN FOUTENT

les ados sado-maso

LE DOMINANT TORTURE LE DOMINÉ QUI S'ACCROCHE TOUJOURS PATHÉTIQUEMENT À SON MAÎTRE.

les vrais de vrais bien français

SE DONNENT DES SURNOMS GROTESQUES ET NE COMPRENNENT QUE LEUR PROPRE LANGAGE

pour qu'on ne les entende pas faire du bruit aux toilettes, les filles utilisent plusieurs stratagèmes...

ouvrir à fond le robinet du lavabo...

PCHi!

tourner violemment les pages d'un magazine...

C'EST CON, JE VOULAIS LE LIRE...

CHLAP CHLAP CHLAP

promener la brosse et son support sur le carrelage...

C'EST VRAIMENT QUAND IL Y A RIEN D'AUTRE...

CHLIC CHLIC

CROUiiiiii

presser à moitié le bouton de la chasse pour maintenir un filet d'eau...

ARG! ENCORE APPUYÉ TROP FORT!

CHLOGO CHLOGO

SPLACH!

s'asseoir tout au bord de la cuvette pour coincer le filet de pipi...

LÀ AUSSI, FAUT CALCULER JUSTE...

PLIC PLIC PLIC

et pour ne pas attraper de microbes sur les toilettes publiques...

les filles enveloppent la cuvette avec du papier hygiénique...

ET BIEN SÛR, J'EN AI PLUS POUR M'ESSUYER...

mais pour aller plus vite elles préfèrent se maintenir en équilibre au-dessus de la cuvette sans la toucher...

SI AVEC ÇA J'AI PAS DES CUISSES EN BÉTON...

...MAIS JE VOUS AI INTERROMPUS. VOUS DISIEZ ÊTRE DES MECS TRÈS ORIGINAUX PARCE QUE VOUS FAITES PIPI ASSIS...

...CONTINUEZ, VOUS ME FAITES RIRE.

les regrets des mecs

il vient de vous traiter de conne et brusquement, il se souvient qu'il a un service à vous demander...

PHASE 1: Il vient de comprendre qu'il a fait une grossière erreur de stratégie. vous pouvez lire ses pensées sur son visage.

AAAAAH MERDE...

HA HA! NOUS Y VOILÀ!

PHASE 2: il va d'abord chercher à se récupérer en tentant de vous amadouer...

WÂÂW! J'AVAIS JAMAIS REMARQUÉ QUE T'AVAIS D'AUSSI BEAUX... EUH... NARINES!

ON DIT «BELLES».

ET TU PERDS TON TEMPS...

ALORS INUTILE DE TE PÂMER D'AMOUR POUR MES ROTULES...

PHASE 3: pour rattraper le coup, il va jouer sa carte du grand désespoir en déployant ses pitoyables dons pour la comédie...

CH'AIS PAS C'QUE J'AI... JE VAIS HYPER MAL EN CE MOMENT... J'AI PLUS DE GOÛT À RIEN...

SOUPIR...

ÇA T'A PAS EMPÊCHÉ DE REPRENDRE TROIS FOIS DU GRATIN À MIDI...

PHASE 4: en désespoir de cause, il laisse s'exprimer ses vraies pensées: c'est vous qui êtes coupable.

AH! BRAVO! POUR UNE FOIS... OU DEUX... QUE J'AI UN TRUC À TE DEMANDER, TU T'ARRANGES POUR ME CASTRER! MERCI!

AH! LÀ JE TE RECONNAIS!

ALORS... KÉ KINI VEUT DEMANDER À SA N'HÉLÈNE, LE PHI-PHI?

je vois bien que je gêne

je vois bien que je gêne dans les dîners parce qu'on me place toujours mal à table

JE M'APPELLE JEAN-CLAUDE

JE SUIS PROF DE MATHS...

TRIPOTE TRIPOTE

le détail qui prouve que j'ai pas de chance:
on m'a mise à côté de lui pour qu'il se trouve une femme...

AH! HÉLÈNE ET JEAN-CLAUDE! J'ÉTAIS SÛRE QUE VOUS ACCROCHERIEZ!

UN PEU DE PURÉE?

HI HI

et je vois bien que je gêne quand j'essaie de dire que je vois bien que je gêne...

TU SAOULES AVEC TA PARANO...

BAÎLLE

CRRR

le détail qui prouve que j'ai pas de chance:
je vois bien qu'il a raison...

RRRZZZz

ILS NE SONT DÉCIDÉMENT PAS COMME NOUS

les deux vraies différences génétiques entre les mecs et nous ne sont pas physiques.

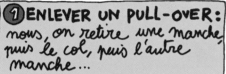

① ENLEVER UN PULL-OVER:
nous, on retire une manche, puis le col, puis l'autre manche...

ON SAIT AUSSI RETIRER NOTRE SOUTIF SANS ENLEVER LE PULL, NOUS.

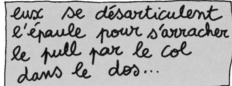

eux se désarticulent l'épaule pour s'arracher le pull par le col dans le dos...

NNNGG

MAIS ?!!?? C'EST LE PULL PORCH & CHABADA QUE JE T'AI OFFERT ?!

BEN OUAIS, ET ALORS ?

ALORS, QUAND JE L'AI ACHETÉ (CHER), IL AVAIT PAS DE CAPUCHE !

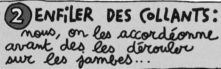

② ENFILER DES COLLANTS:
nous, on les accordéonne avant de les dérouler sur les jambes...

MAINTENANT, JE COMPRENDS MIEUX POURQUOI LES PRÉSERVATIFS SONT PLUTÔT FAITS POUR LES MECS...

HA! HA!

eux enfilent les collants comme des jeans.

PEUT-ÊTRE QUE TU T'Y PRENDS MAL C'EST...

JE METS DES COLLANTS DE SKI DEPUIS 30 ANS TOUS LES HIVERS !

ALORS JE SAIS MIEUX QUE TOI QUE C'EST CETTE MARQUE DE COLLANTS QUI COINCE!

SUR INTERNET, ON TROUVE LE MODE D'EMPLOI POUR ENFILER UN PRÉSERVATIF...

JE TE L'IMPRIME?

HIN HIN

NGNNGN

les femmes des copains, c'est toujours moi qui m'y colle

les mecs ont la sale habitude d'inviter un de leurs potes et sa femme à dîner en se disant que "quelqu'un" occupera la bonne femme...

ATTENDS, LÀ... LE PROGRAMME C'EST : TU T'ÉCLATES AVEC JÉRÔME PENDANT QUE JE ME COGNE SA FEMME TOUTE LA SOIRÉE ?

BEN QUOI ? VOUS AVEZ SÛREMENT PLEIN DE TRUCS DE FILLES À VOUS RACONTER...

QUOI ?!!? EN PLUS, C'EST UNE FEMME AU FOYER ?!

traditionnellement, la femme de copains raconte sa vie trépidante...

TU TE RENDS COMPTE ? J'AI DÛ LE LAVER TROIS FOIS AVANT QUE LA TACHE PARTE !

HÉLÈNE ?

RZZZZ... MMH ?? AH BON ? AH LÀ LÀ...

il existe plusieurs styles de femmes de copains : la vipère...

TU VERRAIS SA FEMME : UNE VRAIE PUTE !

COIFFURE EN PÉTARD, FOULARD DANS LES CHEVEUX, T-SHIRT BICOLORE...

UNE PUTE

... la timide (qu'il faut prendre en charge parce que sinon elle parle pas)...

ET TOI, TU FAIS AUSSI DU DESSIN ?

NON

TU BOSSES DANS QUOI ?

HEIN ?

L'ADMINISTRATION ? ET ÇA TE PLAÎT ?

OUI

TU POURRAIS FAIRE UN EFFORT ? J'EN PEUX PLUS, LÀ.

... la gentille ...

Y'A ALAIN QUI VIENT BOUFFER SAMEDI SOIR... AVEC STÉPHANIE.

NON ! PAS ELLE !

AH POURQUOI ? ELLE EST SUPER GENTILLE !

OUIIIIIIIIIIIII

-BOUHOUHOU

...et la pire de toutes : celle qui pense que c'est MOI, la femme-au-foyer-corvée-de-sa-soirée.

JE T'ASSURE, TU PEUX ME LAISSER SEULE. TU DOIS AVOIR PLEIN DE TRUCS À FAIRE DANS UNE SI GRANDE MAISON...

TU VEUX DIRE... COMME PASSER L'ASPIRATEUR ?

NON, MAIS JE DIS ÇA SANS MÉPRIS...

MAIS OUI MAIS NON ! MAIS C'EST PAS ÇA MAIS EN FAIT, NON...

J'AURAIS DÛ RÉPONDRE..

À cette vieille peau qui s'est brusquement mêlée de ma vie en pleine rue...

C'EST PAS BON, TOUT CE CHOCOLAT POUR DES ENFANTS!

... au lieu de répondre ...

JE VOUS RASSURE, MADAME, C'EST TRÈS EXCEPTIONNEL!

... j'aurais dû répondre:

SI ÇA REND COMME VOUS DE PAS MANGER DE CHOCOLAT, JE VAIS LUI DOUBLER LA RATION, VIEILLE TRUIE!

TIN!

HIC!

CRR

Au taré d'automobiliste qui défonce son klaxon en m'injuriant...

ALORS, PÉTASSE! T'AVANCES OU. C'EST MOI QUI TE POUSSE?!!??

TU-TU-TU

... au lieu de répondre ...

OUI-BON-BEN-ÇA-VA-J'Y-VAIS-UNE-MINUTE!

...j'aurais dû répondre:

AAAAAAAAAAASBLA!

LES BÉBÉS DANS LE TRAIN

la déprime

dans les moments où ça va pas, on a une image de soi différente...

...on est complètement incapable de communiquer normalement...

...tout est dramatique...

...un bon moyen de se remonter le moral est de retourner la situation sur un proche (choisissez celui qui vous a traitée de folle).

 Les ex

l'objectif d'une ex n'est pas reprendre votre mec mais seulement de garder le pouvoir. Pour mieux servir son but, l'ex prend diverses apparences :

la couineuse

la gentille neuneu narcissique

la complice qui sous-entend des trucs intimes

Ze body
(SILENCIEUSE MAIS EFFICACE)

Celle-qui-a-gardé-des-liens

la bonne copine

madame-je-sais-tout-sur-lui

celle qui vous fout la paix.

LES PAS-CHOCHOTTES

les pas-chochottes se repèrent dès le plus jeune âge sur les balançoires...

ALLEZ, HÉLÈNE! FAIS PAS TA CHOCHOTTE!

YAHOU!!!

BEURGL

...en car, c'est toujours vous qui avez le petit sachet et elles qui vous poussent à vous en servir...

TU DEVRAIS MANGER, ÇA TE FERAIT DU BIEN. PRENDS DE MON THON-OEUF-MAYO.

BOURGL!

... elles se jettent à l'eau en février en Bretagne pour nous humilier...

TU DEVRAIS VENIR! ÇA TONIFIE!

ET VOILÀ! MAINTENANT J'AI L'IMPRESSION D'ÊTRE MICHEL BLANC DANS "LES BRONZÉS"!

MERCI!

... elles résistent aux pires tortures en toute saison...

HHHH...HHH... POURQUOI CETTE CONNE NE TRANSPIRE PAS... ...HHHH... ELLE EST EN MÉTAL OU QUOI?

PFFF

PFFF

...elles sont toujours les témoins sereins de nos pathétiques crises de nerfs...

...elles trimbalent cette joie de vivre inhumaine à toute épreuve...

les pas-chochottes vivent comme des grandes sportives...

... et pensent comme des grandes sportives...

Les tenues de ski

APPRENDRE À ASSORTIR SES ACCESSOIRES À SA TENUE DE SKI.

1 LA TENUE "MONITRICE" STYLE FRANÇAISE.

AVEC : LES LUNETTES DE POLICIER AMÉRICAIN.

ET : LE BONNET SCHTROUMPF.

2 LA TENUE "CUL-CUL" STYLE "LADY DI". (MOTIF FLOCONS OBLIGATOIRE.)

AVEC : LES LUNETTES RINGARDES.

ET : LES PROTÈGE-OREILLES EN MOUMOUTE

3 LA TENUE SURF POUR ADOS STYLE "TROP GRAND".

AVEC : N'IMPORTE QUELLES LUNETTES INUTILES.

ET : LE BONNET À FAUX CHEVEUX

4 LA TENUE "RIGOLOTE DES PISTES"... ...STYLE FLUO.

AVEC : LES VIEILLES LUNETTES DE GLACIER.

ET LE BONNET "TÊTE D'ÉLAN".

merci La Vie !

Impression : Pollina en novembre
SEFAM 22 rue Huyghens, 75014 Paris
ISBN : 2-226-15270-9
N° d'impression : L 95892
N° d'édition : 23276
Dépôt légal : octobre 2004
Imprimé en France